El futbol

EDICIÓN ORIGINAL

Edición: **Marie-Claude Avignon**
Dirección editorial: **Françoise Vibert-Guigue**
Dirección artística: **Frédéric Houssin** y **Cédric Ramadier**
Concepto gráfico y creación: **Double**, París
Dirección de la publicación: **Marie-Pierre Levallois**
Fabricación: **Nicolas Perrier**

EDICIÓN PARA AMÉRICA LATINA

Dirección editorial: **Tomás García**
Edición: **Jorge Ramírez**
Traducción: Ediciones Larousse, S.A. de C.V., con la colaboración de: **Amalia Estrada**
Formación: Ediciones Larousse, S.A. de C.V., con la colaboración de: **Eliud Alquicira**
Corrección: **Víctor Hugo Romero**
Adaptación de portada: Ediciones Larousse, S.A. de C.V., con la colaboración de:
Pacto Publicidad, S.A. de C.V.

© MMVI Larousse
Título original: *Le football*

D.R. © MMVIII, por Ediciones Larousse, S.A. de C.V.
Londres 247, México, 06600, D.F.

ISBN: 203-565-210-3 (Edición original, Larousse)
978-970-22-1187-7 (Colección completa)
978-970-22-2214-9 (Para esta obra)

PRIMERA EDICIÓN

Impreso en México – *Printed in Mexico*

Mi Pequeña Enciclopedia

El futbol

Escrito por **Françoise de Guibert**
Ilustrado por **Vincent Desplanche**

LAROUSSE

¡Viva el fut…!

El futbol es un **juego de pelota** conocido en todo el mundo. Se juega con los **pies** y la **cabeza**. ¡Cuidado! Está prohibido tocar el balón con las manos, excepto para el portero o guardameta.

Es un **juego colectivo**, los jugadores deben hacer pases y anotar goles.

En un equipo participan **11 jugadores**.

El terreno de juego

En el fut, **dos equipos** se enfrentan
en un gran terreno de césped raso.
Al principio, cada equipo se coloca
sobre una mitad del campo.
Se trata de **anotar la mayor cantidad de goles**
y recibir los menos posibles.

Línea de banda

Línea de medio campo

Círculo central del campo

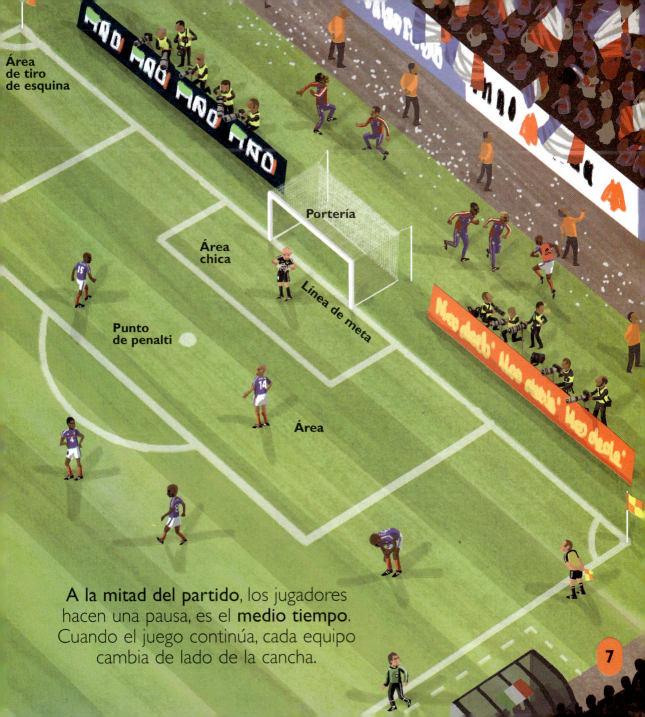

Área
de tiro
de esquina

Portería

Área
chica

Línea de meta

Punto
de penalti

Área

A la **mitad del partido**, los jugadores
hacen una pausa, es el **medio tiempo**.
Cuando el juego continúa, cada equipo
cambia de lado de la cancha.

7

El partido de fut

Los partidos profesionales se juegan con **11 jugadores** por equipo.
Cada equipo tiene un **capitán** que lo dirige; él lleva un brazalete.

También hay jugadores de **remplazo** por si alguien se lesiona o para cambios tácticos. Ellos se sientan en las bancas.

Al término de **una hora y media**, el equipo que haya anotado más goles será el ganador. Si los contrincantes no anotaron o metieron la misma cantidad de goles, hay empate.

¡Bien equipados!

No hace falta vestir como profesional para jugar al fut con los amigos. Pero para los partidos, el **uniforme** consiste en:

un balón de futbol de cuero, bien inflado

un pantaloncillo y una camiseta de color

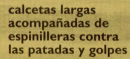

calcetas largas acompañadas de espinilleras contra las patadas y golpes

zapatos con tacos

Los **tacos** permiten correr sin resbalarse en el césped. Para terreno seco se utilizan zapatos con muchos tacos cortos, y para terreno lodoso se usan tacos más largos y menos numerosos.

Cada equipo usa un **uniforme de diferente color** al del contrario y cada jugador lleva un número. Esto permite reconocerlos.

Si un jugador está **lesionado** o cansado, el entrenador puede remplazarlo.

¡Al ataque!

No todos los jugadores hacen lo mismo. Los **delanteros** deben permanecer cerca de la portería del equipo contrario para tratar de anotar.

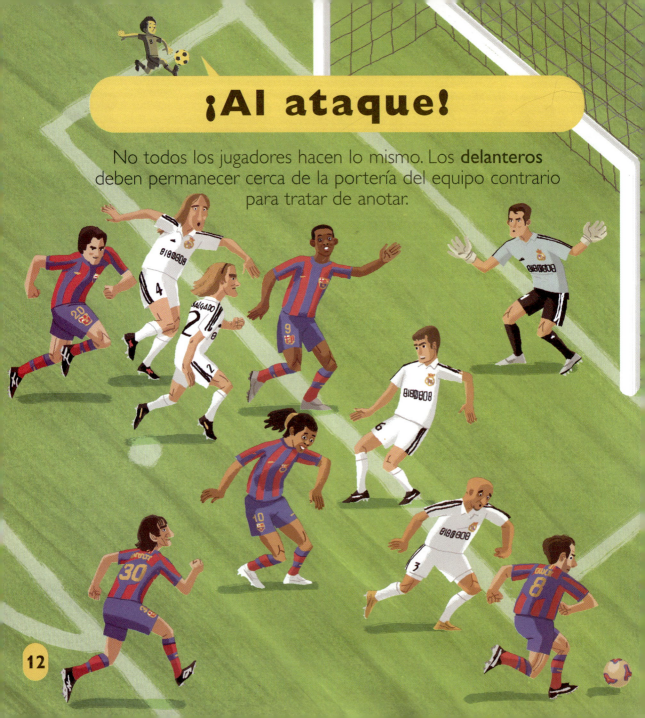

Algunos jugadores permanecen **en medio del campo** para ayudar a los delanteros o a los defensas, según lo que suceda en el juego.

Los **defensas** permanecen cerca de su portería. Deben quitar el balón a los delanteros para evitar que anoten.

El portero

El portero debe evitar que el balón entre en la portería. ¡Su papel es **difícil** porque debe ser muy **veloz**!

Debe **saltar** para detener una pelota alta…

… o **lanzarse** al césped cuando el tiro es bajo.

Cuando el balón llega frente a la portería, el portero debe detenerlo con las manos. Lleva **guantes** para protegerse.

Puede **mover el balón con los pies** para devolverlo al terreno de juego.

Un buen pase

Driblar es correr empujando el balón.
El jugador que dribla debe **avanzar** y mirar a los
demás jugadores para pasar el balón a tiempo.

16

Para lanzar un pase a otro jugador es necesario tener puntería. Si se golpea el balón con el **interior del pie**, el pase es **preciso pero corto**.

Para tirar **más lejos** hay que golpear con la parte de **enfrente del pie**.

Los jugadores pueden golpear el **balón con la cabeza.** Se hacen ejercicios de calentamiento antes del partido para no dañarse el cuello.

Apropiarse del **balón**

Para quitarle el balón al otro equipo hay que observar bien a los jugadores en el campo de juego. Durante un pase, se puede tratar de **interceptar** el balón.

Marcar al adversario es permanecer a su lado para tratar de quitarle el balón en cuanto reciba un pase.

Cuando un jugador golpea a un adversario para quitarle el balón de los pies, se marca **falta**.

Los trucos

Cuando un jugador tiene el balón, sus adversarios tratan de quitárselo.

El jugador debe **fintar** para sorprender y conservar el balón.

Puede fingir que va en un sentido…

y, en el último momento, cambiar de dirección.

Puede fingir que va a pasar el balón a un jugador
de su equipo y, finalmente, quedarse con él.

Puede "tocar de taco"
dando un pase con el talón.

También es posible hacer un **"túnel"**
o **"caño"** pasando el balón entre las
piernas del adversario mediante un
toque con la punta del pie.

¡Un mal jugador!

No se puede hacer cualquier cosa en el fut: hay **reglas**.

Está **prohibido** darle una patada a otro jugador, **zancadillearlo** o empujarlo.

Los jugadores no tienen derecho a **insultar** a los demás ni al árbitro.

También está prohibido tocar el balón con las **manos**.

Si un jugador comete una falta, el árbitro dará el balón al equipo contrario para hacer un **tiro de castigo**.

Si un jugador no respeta las reglas, el árbitro lo castiga con una **amonestación** y saca una **tarjeta amarilla**.

Si el jugador comete una falta grave, el árbitro puede **expulsarlo del campo de juego** mostrándole una **tarjeta roja**.

El árbitro

El árbitro se encarga de **hacer respetar las reglas**. Porta un silbato para que lo escuchen de lejos y lleva un uniforme diferente al de los jugadores.

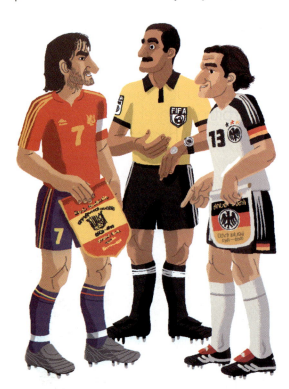

Al principio del partido **lanza una moneda al aire** para decidir qué equipo realizará el primer saque.

El **saque** se efectúa en el centro del campo. El árbitro da un silbatazo y comienza el partido.

Los **dos jueces de línea** ayudan al árbitro:
levantan una **bandera** si el balón sale del
campo y si los jugadores cometen faltas
al reglamento.

25

¡Saque de banda!

Cuando un jugador deja salir la pelota por un lado de la cancha, es **saque de banda**.

Entonces un jugador del equipo contrario **lanza** el balón con las manos.

Cuando un jugador envía el balón detrás de su línea de meta, se trata de un **tiro de esquina** o **corner**.

Un jugador del equipo contrario efectúa el tiro de esquina desde ese ángulo del campo (corner).

Los **tiros de castigo** se realizan desde el lugar en que se cometió la falta. Si ésta fue frente a la portería, los adversarios forman una barrera pegándose los unos a los otros para detener el balón.

Se castiga con **penalti** cuando se comete una falta dentro del área. Un jugador tira a gol y sólo el portero puede tratar de detener el balón.

¡Uno, dos! ¡Uno, dos!

Entre dos partidos, los jugadores se mantienen en forma. El entrenador los hace trabajar con actividades como:

Dominar la pelota el mayor tiempo posible golpeándola sin dejarla caer;

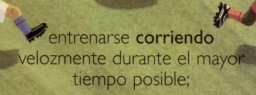

entrenarse **corriendo** velozmente durante el mayor tiempo posible;

zigzaguear con el balón lo más rápido posible sin perder el control;

practicar **tiros a gol** para apuntar mejor.

Durante el entrenamiento, los jugadores siempre **trabajan los dos pies**.

29

¿Quiénes son los mejores?

Todos los años, por todo el mundo se efectúan **campeonatos** de futbol.

El **Mundial** es el campeonato más importante y se realiza cada cuatro años.

Otro torneo importante es la **Liga de Campeones de la UEFA**, que cada año disputan los equipos de cada país de Europa.

Durante los grandes campeonatos, pueden jugarse **tiempos extra**. Si al final del partido los equipos empatan, se define al ganador a base de **penalties**.

Cuando un equipo gana un campeonato, el capitán recibe una **copa**.

Los ganadores dan una **vuelta al campo** blandiendo la copa para mostrarla a sus **aficionados**.

La **historia** del fut

El juego que conocemos en la actualidad proviene de **Inglaterra**.
Football es una palabra inglesa: ***ball*** quiere decir "pelota"
y ***foot*** significa "pie".

En un **juego japonés** muy antiguo, el **kemari**, los jugadores tratan de meter la pelota entre dos varas de bambú.

En Europa, los juegos más antiguos de pelota se jugaban sin reglas. Eran tan violentos que los reyes intentaron prohibirlos.

Actualmente, **en todo el mundo**, tanto niños como adultos, chicos y chicas, juegan futbol y sus aficionados acuden para verlos jugar.

¡Vivan los campeones!

Pelé
¡Este gran campeón brasileño anotó más de **1 000 goles** a lo largo de su carrera!

Michel **Platini**
Capitán de la selección de Francia, campeona de Europa en 1984, fue en varias ocasiones el **mayor goleador** de Italia.

Diego **Maradona**
Obtuvo la victoria para el equipo de Argentina en el Mundial de 1986. Se dice que su **pie izquierdo** era mágico.

Zinedine **Zidane**
Obtuvo la victoria para Francia en el **Mundial** de 1998.

David **Beckham**
Jugador inglés, maestro en **tiros de castigo**.

Ronaldinho
Ganó un **Mundial** con Brasil; es un artista del **dribbling**.

Los grandes equipos

El **Real Madrid** ha ganado 30 campeonatos de liga, 17 copas del Rey y 11 copas de Europa.

El **Milán AC** ha ganado 17 campeonatos de liga, 5 copas de Italia y 8 copas de Europa.

El **Liverpool FC** ha ganado 18 campeonatos de liga, 6 copas de Inglaterra y 8 copas de Europa.

Campeones del mundo

Brasil ha ganado 5 veces el Mundial: en 1958, 1962, 1970, 1994 y 2002. ¡Todo un récord!

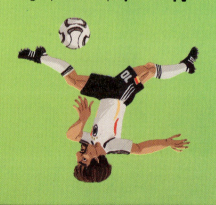

Alemania ha ganado 3 mundiales: en 1954, 1974, 1990.

Italia ha ganado 4 mundiales: en 1934, 1938, 1982 y 2006.